Wege finden

Ethik in der Grundschule

Klassenstufe 1

Autorenteam:
Daniela Hertel
Sibylle Schönwald

Beratung:
Ina Fahsel

Mit Beiträgen von:
Evelyn Dienwiebel
Petra Steiniger-Bibic

Ernst Klett Verlag
Stuttgart • Leipzig

Das bin ich

Ich heiße

1 Kreise ein, was du schon kannst.

auf einem Bein stehen

sich melden

schwimmen

lesen

Schuhe zubinden

Fußball spielen

Thema im Lehrplan: Kennen der eigenen Einmaligkeit und Lebenswelt

2 Kreuze an. Ich bin ein:

☐ ☐

3 Male.

Meine Haarfarbe:

Meine Augenfarbe:

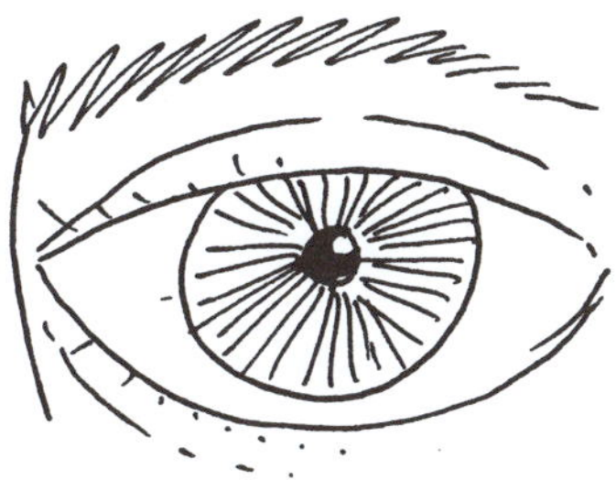

Ich bin jetzt ________ Jahre alt.

Das mache ich gern

1 Wie gerne machst du diese Dinge? Zeichne in die Kreise.

☺ Mache ich sehr gerne.
😐 Mache ich nicht so gerne.
☹ Mache ich gar nicht gerne.

im Sand buddeln

singen

mit Bausteinen spielen

einkaufen gehen

staubsaugen

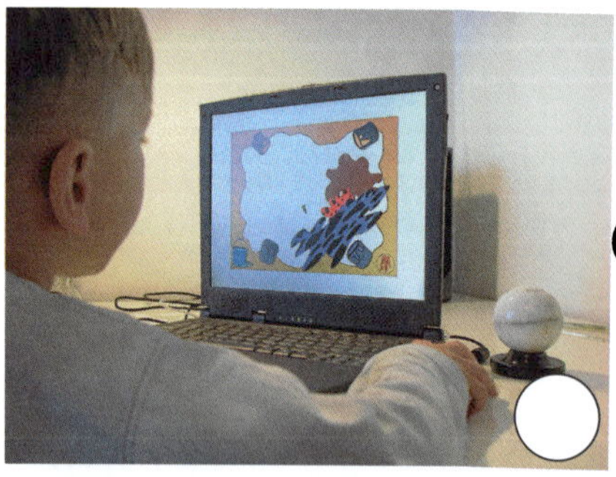
am Computer spielen

2 Warum machst du einige Dinge gerne oder nicht gerne? Tausche dich mit deinem Partner aus.

3 Führe deine Lieblingsbeschäftigung in einer Pantomime vor. Benutze dabei keine Worte. Lass die anderen Kinder raten.

Thema im Lehrplan: Kennen der eigenen Einmaligkeit und Lebenswelt/Einblick gewinnen in die Unterschiedlichkeit menschlicher Eigenheiten

Ich bin kleingroß

1 Höre der Geschichte von Nina aufmerksam zu.

2 Wann will Nina klein sein? – Male einen Punkt unter das Bild.
Wann will Nina groß sein? – Male einen langen Strich unter das Bild.

3 Male in die Kästen:

Wann möchtest du klein sein?

Wann möchtest du groß sein?

4 Wann würden Erwachsene lieber klein sein? Begründe.
Spielt eine Geschichte mit verteilten Rollen vor.

Thema im Lehrplan: Einblick gewinnen in die Unterschiedlichkeit menschlicher Eigenheiten
Vorlesetext → S. 65

Unsere Hände

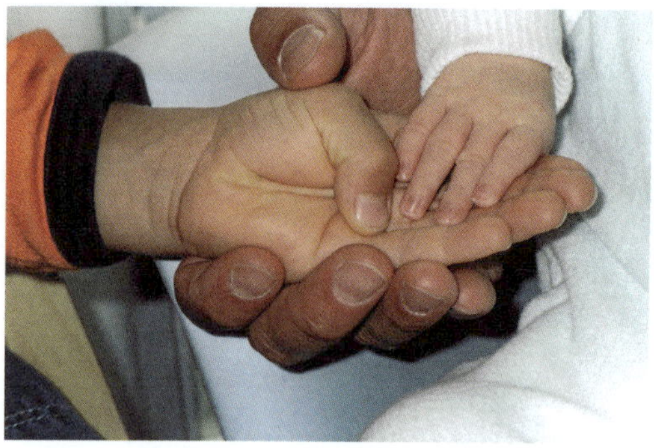

1 Lege deine Hand auf die freie Fläche auf der Seite und umfahre sie mit einem Buntstift.

2 Wähle ein Kind deiner Klasse aus.
Umfahre hier auch seine Hand. Wähle dazu eine andere Farbe.

3 Vergleicht eure Hände: Was ist gleich? Was ist verschieden?

Thema im Lehrplan: Kennen der eigenen Einmaligkeit und Lebenswelt/Einblick gewinnen in die Vielzahl persönlicher Eigenschaften und Gefühle

Was Hände alles können

4 Was machen diese Hände? Was sagen sie dir? Erkläre.

5 Kreise Angenehmes grün ein.
Kreise Unangenehmes rot ein.

6 Was können Hände noch alles machen oder „sagen“?
Findet weitere Beispiele.

7 Können eure Hände ohne Stift schreiben? Versucht es und schreibt euch gegenseitig Buchstaben und Zahlen auf eure Rücken.

Thema im Lehrplan: Kennen der eigenen Einmaligkeit und Lebenswelt/Einblick gewinnen in die Vielzahl persönlicher Eigenschaften und Gefühle

Verschiedene Gefühle

1 Male Gesichter, die verschiedene Gefühle ausdrücken.

3 Lass deinen Nachbarn raten, welche Gefühle du gemalt hast.

4 Welche Gesichter zeigen angenehme Gefühle?
Gib diesen Köpfen eine Haarfarbe.

Ich sehe Gefühle

1 Wie fühlst du dich in solchen Situationen? Male das passende Gesicht in die Kreise: ☹ 😐 ☺
Begründe.

So helfe ich mir:

2 Was kannst du gegen das schlechte Gefühl tun? Tausche dich mit deinem Partner darüber aus.

3 Male deine Lösungen in die leeren Felder.

Jeder kann etwas

1 Erzählt mit den Bildern das Märchen der Bremer Stadtmusikanten nach.

2 Warum wollten die vier Tiere Stadtmusikanten werden? Erzähle.

3 Wie haben die Tiere die Räuber mitten in der Nacht verjagt? Verbinde.

4 Warum konnten die Bremer Stadtmusikanten die Räuber verjagen? Was konnten sie gut? Begründe.

5 Was kannst du besonders gut? Male es auf.

6 Erzähle darüber, was du besonders gut kannst, oder führe es vor.

7 Jonas glaubt, er könne überhaupt nichts besonders gut. Stimmt das? Wie würdest du ihm helfen? Erkläre.

8 Können Erwachsene alles besonders gut?

Thema im Lehrplan: Sich positionieren zu eigenen Eigenschaften, Fähigkeiten und Beeinträchtigungen

Gefühle verändern sich

1 Wie fühlt sich Paul? Male sein Gesicht.

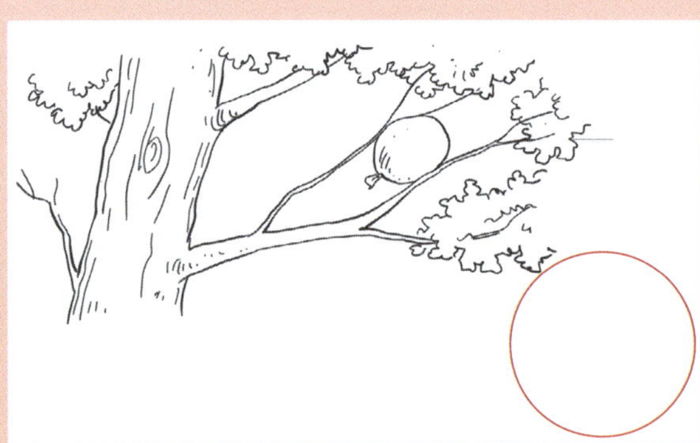

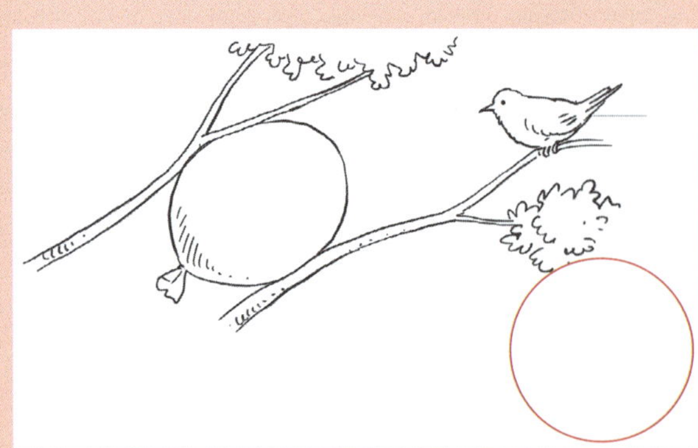

Vorlesetext – S. 66

So fühle ich mich manchmal

1 Male in die leeren Felder.

Das freut mich:

Das macht mich traurig:

Das macht mir Angst:

Das macht mich wütend:

Familien sind verschieden

1 Welche verschiedenen Familien erkennst du in diesen Bildern? Erzähle.

2 Kennt ihr noch andere Familien? Tauscht euch in der Klasse darüber aus.

Thema im Lehrplan: Einblick gewinnen in verschiedene Formen des gesellschaftlichen Lebens – Familie

Meine Familie und ich

3 Male dich selbst in den Spiegel.

4 Wer gehört zu deiner Familie?
Male alle um den Spiegel herum.

5 Wer ist dir besonders wichtig? Erzähle es deinem Nachbarn. Begründe.

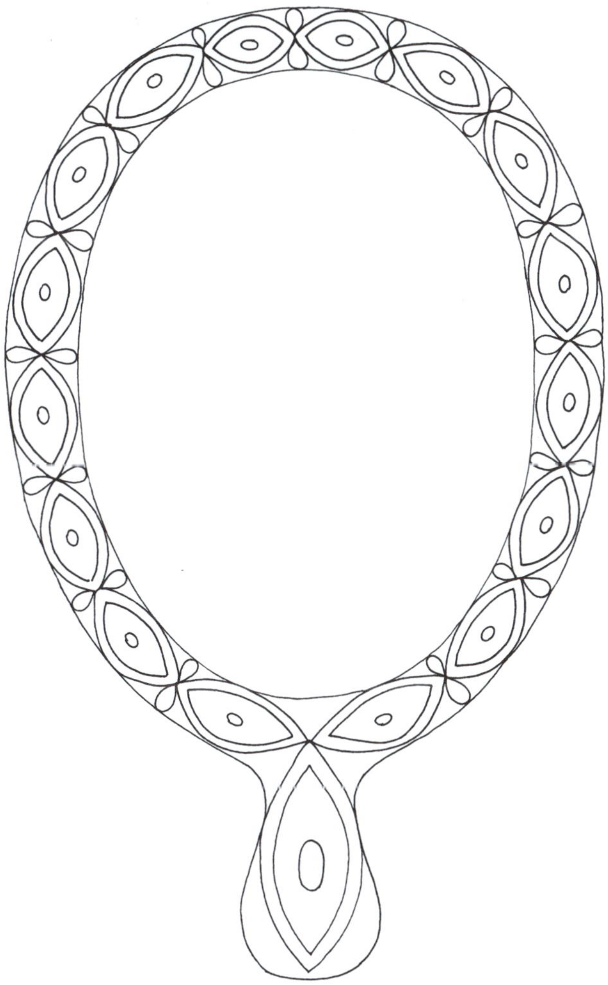

6 Bastle ein kleines Buch über deine Familie.

7 Wozu brauchen wir eine Familie?

Sich sicher fühlen

1. Was heißt für dich Geborgenheit? Erkläre.

2. Wo könnte sich der kleine Bär geborgen fühlen? Kreuze an. Begründe.

 ☐

 ☐

 ☐

 ☐

 ☐

 ☐

3. Male in beide Felder ein passendes Bild.
Gestalte den einen Rahmen mit Farben der Geborgenheit.
Gestalte den anderen Rahmen mit Farben der Einsamkeit.

Hier fühle ich mich wohl:

Hier fühle ich mich *nicht* wohl:

Sich aufeinander verlassen können

1 Schaut euch die Bilder an. Tauscht euch in der Klasse darüber aus, was passiert ist.

1.

2.

3.

Am nächsten Tag

4.

2 Stell dir vor, du bist Max. Du sollst ohne Lineal ein Haus ganz gerade zeichnen. Wie sieht das Haus aus? Male.

3 Spielt die Geschichte im Rollenspiel nach. Wie fühlt sich Max?

4 Was wünscht er sich von Lea? Erkläre.

5 Warum ist es wichtig, sich auf andere verlassen zu können? Begründe.

In der Schule

Der erste Schultag

1 Erinnere dich an deinen ersten Schultag. Was hat dir gut gefallen? Was war schwierig? Erzähle.

2 Was gehört alles zur Schule? Klebe ein. Male in die zwei noch freien Fenster hinein, was für dich sonst noch dazu gehört.

Thema im Lehrplan: Einblick gewinnen in verschiedene Formen des gemeinschaftlichen Lebens – Schule

Schule macht Spaß

3 Was kann man in der Schule lernen? Erzähle.

4 Male in das leere Feld einen Kreis.

5 Was kann daraus entstehen? Überlege mit deinem Partner.

6 Male das Bild zu Ende.

7 Wo kannst du noch etwas lernen?

So versöhnen wir uns

Tim und Max sind seit dem Kindergarten dicke Freunde.

1 Spielt die Streitgeschichte nach.

2 Wie fühlen sich Tim und Max nach dem Streit?
Male ihre Gesichter.

3 Wie können Tim und Max ihren Streit lösen? Erkläre.

4 Wie würdest du entscheiden? Begründe.

5 Spielt die Geschichte zu Ende.

Thema im Lehrplan: Übertragen der Kenntnisse über soziale Erfahrungen auf Verhaltensweisen in der Schule – Umgangsformen

Jeder braucht einmal Hilfe

1 Was könnte Anton passiert sein? Erzähle.

2 Wer kann Anton helfen? Begründe.

3 Spielt vor, wie Anton geholfen wurde.

4 Wobei kannst du schon helfen? Male auf. Erzähle.

5 Wen kannst du um Hilfe bitten?

2 Miteinander

Regeln helfen uns

1 Was ist richtig? Was ist falsch?
Ziehe die Linien zu den Daumen mit einem Buntstift nach.
Verbinde auch die anderen Bilder mit dem richtigen Feld.

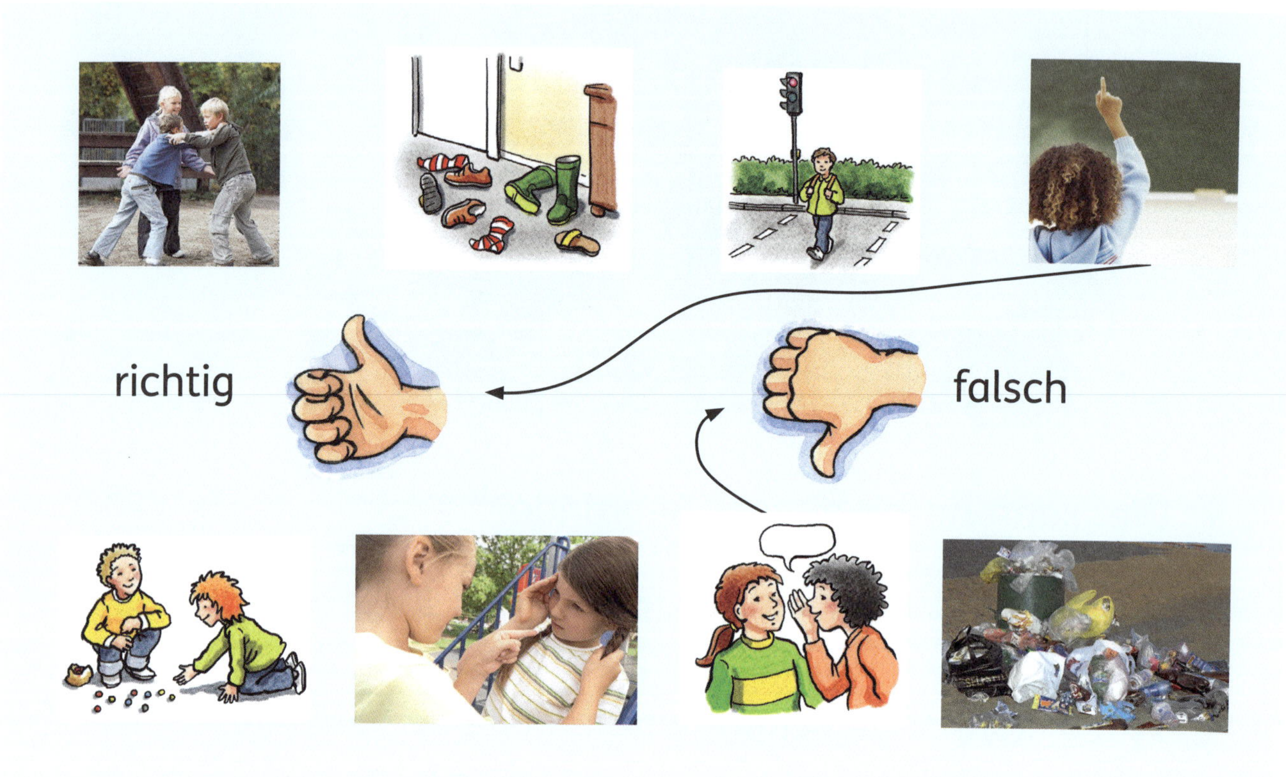

2 Sprecht über die Regeln.

3 Wie gehen wir freundlich miteinander um? Begründe.

Thema im Lehrplan: Übertragen der Kenntnisse über soziale Erfahrungen auf Verhaltensweisen in der Schule – Umgangsformen, Regeln

Gesprächsregeln

1 Welche Regeln brauchen wir? Kreise grün ein.

Was stört? Kreise rot ein.

ansehen

auslachen

wegschubsen

leise sein

zuhören

melden

2 Welche Regeln gehören zu den Bildern? Verbinde.

3 Wann ist man auch leise? Male in den Kasten und begründe.

Thema im Lehrplan: Übertragen der Kenntnisse über soziale Erfahrungen auf Verhaltensweisen in der Schule – Umgangsformen, Regeln/Sich positionieren zum Zusammenleben in der Klassen- und Schulgemeinschaft

Der erste Schultag

1 Was haben Lena und du gemeinsam? Beschreibe.

2 Was beunruhigt Lena? Verbinde.

3 Was gefällt dir an deiner Schule? Male. Erzähle.

Vorlesetext – S. 67

4 Baue deinen eigenen Turm.

5 Vergleiche deinen Turm mit denen der anderen. Was stellst du fest? Begründe.

Erntedankfest

1 Singt gemeinsam das Lied zum Erntedankfest.

Danke für die schöne Welt

Kinderlied aus England

2 Betrachtet die Bilder. Warum feiern wir das Erntedankfest? Tauscht euch in der Klasse darüber aus.

3 Fülle den Korb mit Obst, Gemüse und Getreide.
Male weitere Früchte unter den Korb.

Advent

1 Ergänze.

Advent, Advent ein Lichtlein  brennt.

Erst ____, dann ____, dann ____, dann ____,

dann steht der  vor der Tür.

Wenn ...

2 Gestalte den Adventskranz.

3 Wer hat den Adventskalender erfunden?

Thema im Lehrplan: Einblick gewinnen in die Bedeutung von religiös geprägten Festen und Zeiten – Advent

Vorlesetext → S. 68

Freude auf Weihnachten

1 Worauf freust du dich in der Weihnachtszeit? Bringe die Sterne zum Leuchten.

2 Spielt das Würfelspiel.

 Erzähle zu dem Bild.
Gehe 2 Felder vor.

 Erzähle, für wen du ein Geschenk vorbereitest.
Setze eine Runde aus.

Nikolaus

Nikolaus war ein bescheidener 

Oft half er 

Nikolaus arbeitete in der 

1. Seine Kleidung ist ungewöhnlich. Was fällt dir auf? Beschreibe.

2. Höre der Geschichte vom Nikolaus aufmerksam zu.

3. Vervollständige die Bildgeschichte.

4. Erzähle von deinen Erlebnissen am Nikolaustag.

5. Stell dir vor, du könntest dich beim Nikolaus bedanken. Wie könntest du es tun?

Thema im Lehrplan: Einblick gewinnen in die Bedeutung von religiös geprägten Festen und Zeiten – Nikolaustag
Vorlesetext → S. 68

Weihnachtswünsche

1 Male deine Wünsche in die Päckchen ohne Herzchen.

2 Male einen Wunsch für eine liebe Person in die beiden Päckchen mit Herzchen.

Mein Geburtstag

1 Male deinen Geburtstagstisch. Was ist dir besonders wichtig? Erzähle.

2 Mit wem möchtest du deinen Geburtstag feiern? Ergänze das Bild.

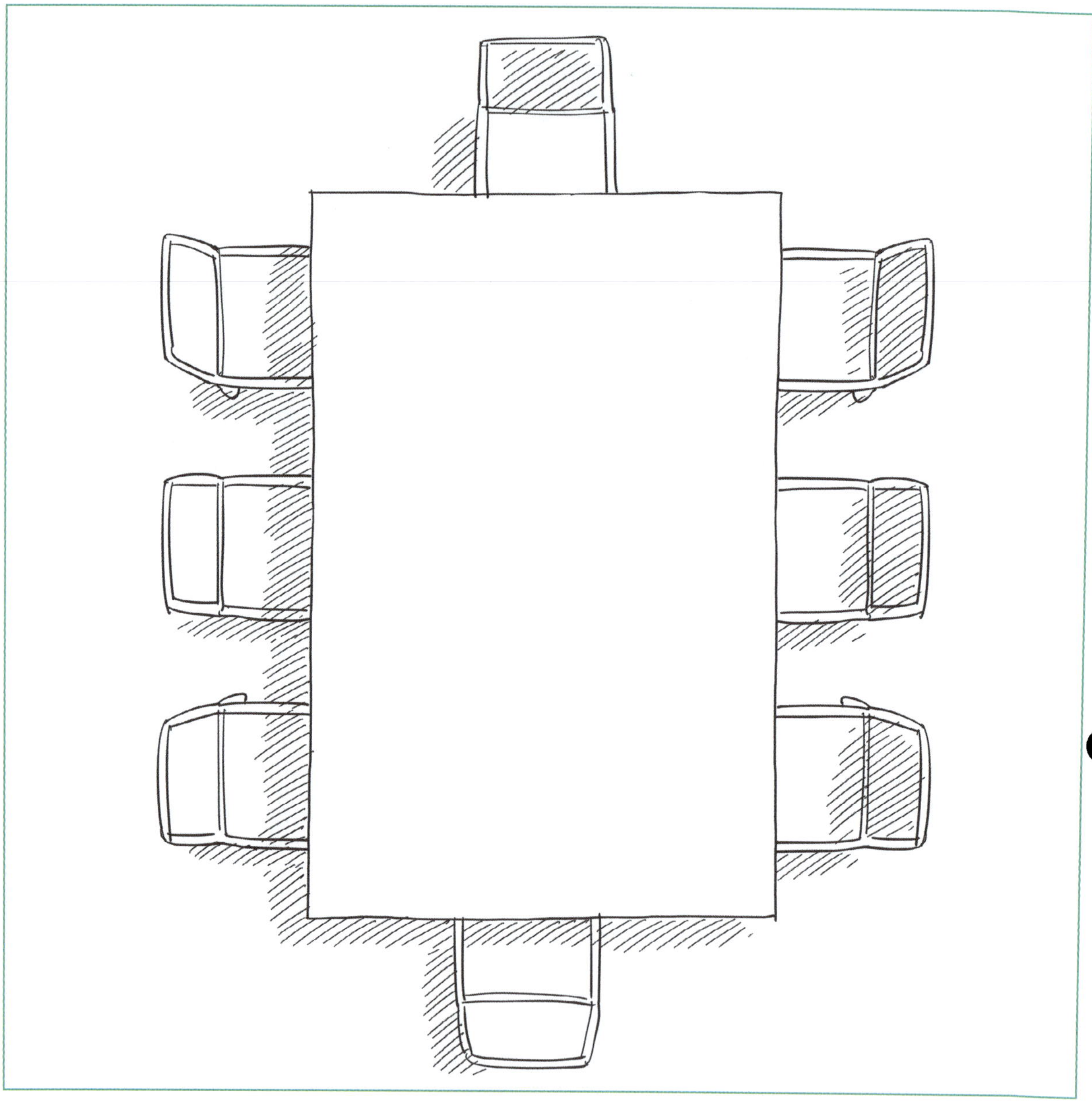

3 Was kann man an seinem Geburtstag unternehmen? Erzähle.

4 Stell dir vor, du wartest am gedeckten Geburtstagstisch und deine Gäste kommen nicht. Wie fühlst du dich? Begründe.

Thema im Lehrplan: Einblick gewinnen in die Bedeutung persönlicher Feste/Kennen der Vorbereitung und Durchführung eines Festes

Silvester

1 Löse das Rätsel. Schreibe immer den ersten Buchstaben unter das Bild.

Das alte ist vergangen, das neue hat angefangen.

______ ______ ______ ______

2 Wie begrüßt man das neue Jahr? Erzähle.

3 Male die Glücksbringer aus.

Ostern

1. Male in dem Suchbild alles farbig aus, was mit dem Osterfest zu tun hat.

2. Warum gehören diese Dinge zum Osterfest? Tauscht euch in der Klasse darüber aus.

3. Bastle ein Osterüberraschungsei. Welche Überraschung steckt darin? Male hinein.

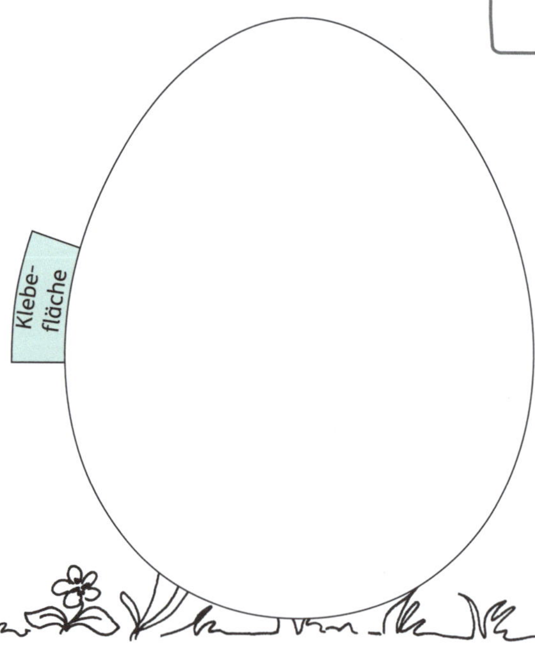

Natur erwacht

1 Höre der Geschichte von Frosch und Kröte zu.

2 Was könnte Frosch sehen, hören und fühlen? Malе. Erzähle.

3 Bringt der Frühling dem Menschen Freude? Welche?

Vorlesetext → S. 69

Sankt Martin

1 Was ist für dich das Wichtigste an der Geschichte? Male aus. Begründe.

2 Hast du schon einmal geteilt? Erzähle davon.

3 Manchmal fällt das Teilen schwer. Begründe.

Vorlesetext → S. 71

4 Schreibe das fehlende Wort und ergänze das Bild.

Der neue Bischof sollte ______ heißen.

So wurde Martin doch noch Bischof.

5 Welche Bräuche finden zum Martinstag statt? Kreuze an.

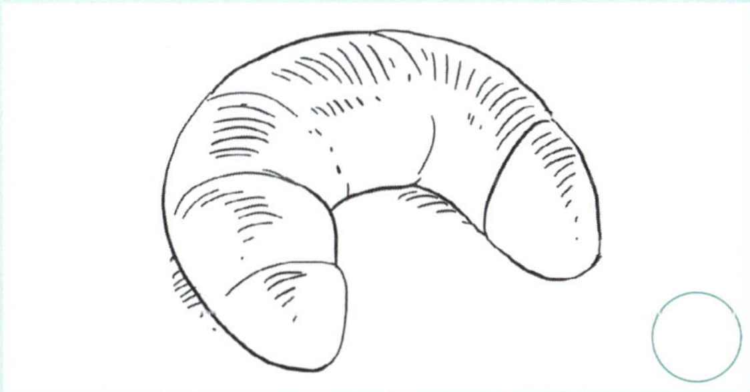

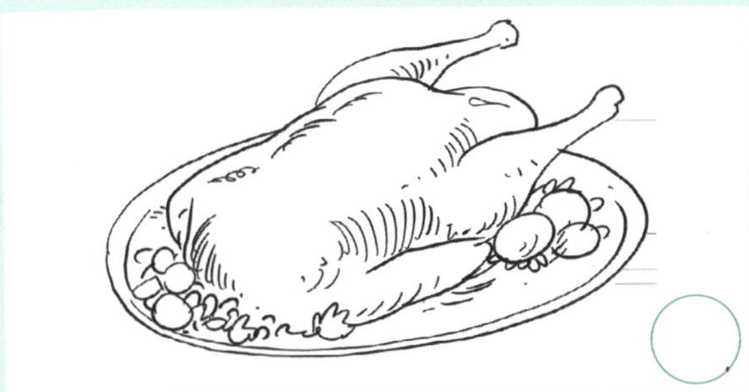

6 Kennst du einen der Bräuche? Erzähle darüber.

Wunder der Natur

1 Worüber staunst du? Erzähle.

2 Verbinde.

sind selten

bringen uns zum Staunen

Wunder

muss man suchen

sind kostbar

Thema im Lehrplan: Einblick gewinnen in das Wunderbare der Natur – eine Welt zum Staunen

Wunder der Verwandlung

1 Welche Wunder sind geschehen? Verbinde.

2 Was ist passiert? Erkläre.

3 Welches Wunder erstaunt dich besonders? Begründe.

Sonne, Mond und Sterne

1 Wer leuchtet in der Nacht? Kreise schwarz ein.
Wer vertreibt die Nacht? Kreise gelb ein.

2 Löse das Rätsel. Schreibe immer den ersten Buchstaben unter das Bild.
Sonne, Mond und Sterne geben uns

_____ _____ _____ _____ _____

3 Wofür brauchen Pflanzen, Tiere und Menschen das Licht?
Tausche dich mit deinem Partner darüber aus.

4 Male deinen Sternenhimmel.

5 Stell dir vor, du bist Bewohner eines Sternes. Erzähle.

Sonnenfreuden

1 Was machst du gern, wenn die Sonne scheint?
Schreibe es in die Strahlen der Sonne.

Was zur Natur gehört

1 Was gehört alles zur Natur?
Führt eine Blitzlichtrunde in der Klasse durch.

2 Male ein Bild mit allem, was zur Natur gehört.

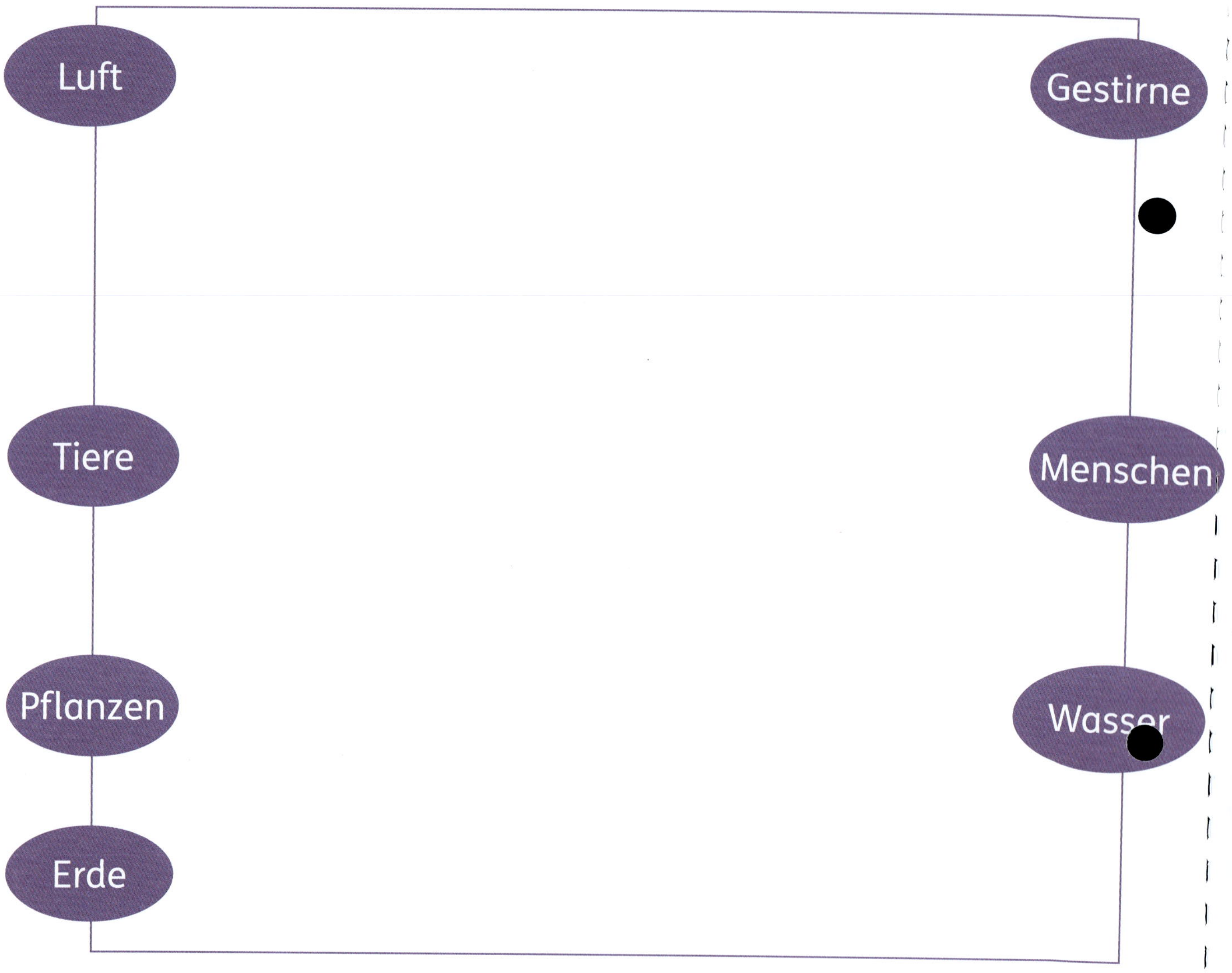

3 Wofür brauchen die Menschen die Natur? Begründe.

4 Gestaltet aus mitgebrachtem Naturmaterial ein gemeinsames Bild.

Tiere und Pflanzen

1 Löse das Rätsel. Schreibe immer den ersten Buchstaben des Tieres unter das Kästchen.

____ ____ ____ ____ ____

2 Suche dir ein Tier aus und stelle es pantomimisch dar. Lass deinen Partner raten, welches es ist.

3 Suche dir ein Tier oder eine Pflanze aus. Fülle die Felder mit dem, was sie zum Leben brauchen. Schreibe und male.

Mein Tier/meine Pflanze ist ein/eine ____________________.
Es/Sie braucht zum Leben

____________ ____________ ____________

4 Hast du ein Haustier, das du besonders magst, oder hast du eine Pflanze, die du besonders magst? Erzähle deinem Partner davon.

5 Wie pflegst du deinen Liebling? Erkläre.

Lebenskreisläufe

1 Vervollständige den Lebenskreislauf.

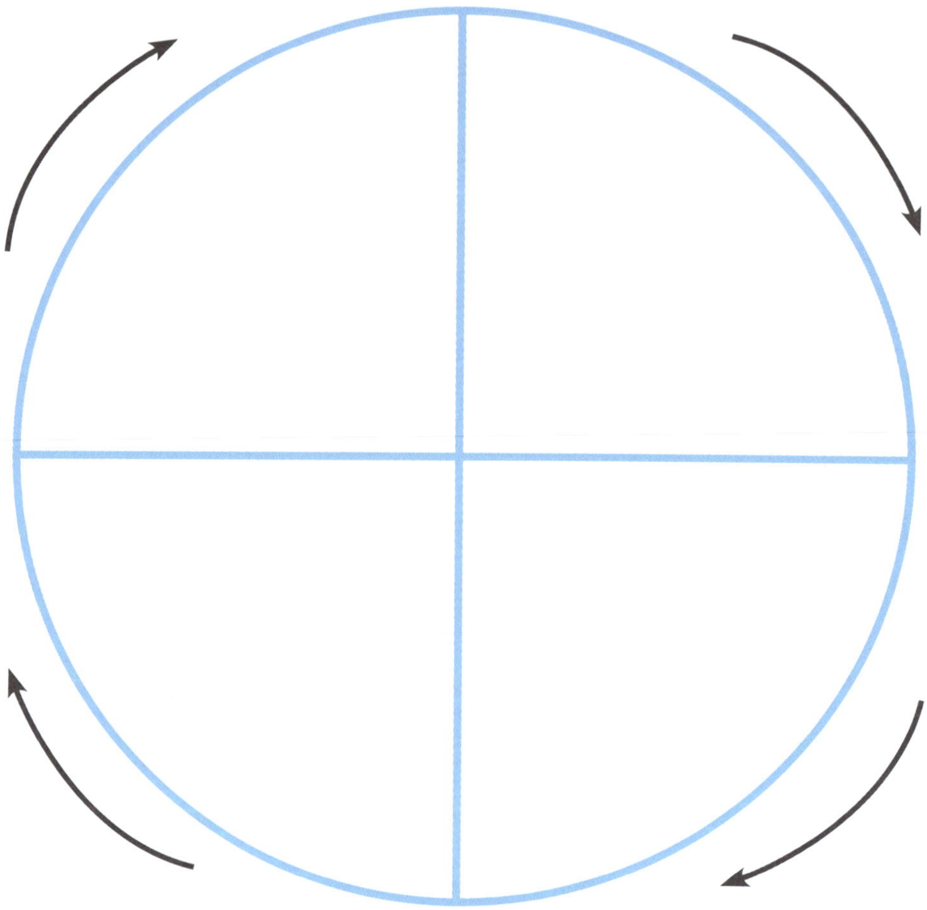

2 Was passiert danach?

Thema im Lehrplan: Kennen der Veränderlichkeit der Natur – Werden, Wachsen und Vergehen

Lebloses achten

Die Bilder findest du auf S. 63.

1 Vervollständige die Tabelle.

hat gelebt	hat nie gelebt

2 Welche Aufgaben hatten die Dinge, als sie lebten? Erkläre.

3 Sind tote Dinge wertlos? Begründe.

Achtung, aufgepasst!

1 Wo achtet man die Natur? Kreuze grün an.
Wo schadet man der Natur? Kreuze rot an.

2 Brauchen wir die Natur? Erkläre.

Thema im Lehrplan: Sich positionieren zum Umgang mit der Natur

Natur schützen

1 Was ist richtig? Kreuze an. Begründe.

2 Wie schützt du die Natur? Male auf.

Das Sonnenschloss

1 Die Sonne ist weg. Was passiert in der Natur? Kreuze an.

- ☐ Alles wächst.
- ☐ Die Blätter an den Bäumen wachsen.
- ☐ Überall ist Eis.
- ☐ Es gibt reichlich Nahrung für alle.
- ☐ Die Flüsse sind zugefroren.
- ☐ Es ist dunkel.
- ☐ Es gibt keine Tiere mehr.
- ☐ Die Blumen verwelken.

2 Was kannst du nicht mehr machen, wenn die Sonne weg ist? Male.

Vorlesetext → S. 72

3 Wie könnte das Gemälde aussehen, wenn die Sonne darin ist? Erzählt.

4 Male das Bild fertig.

5 Die Kinder wollen die Sonne zurückholen. Sie gehen zum König. Was könnten sie sagen? Erzähle.

6 Kann die Sonne gefährlich werden?

Anhang

Materialseiten

Vorlesetexte

S. 15: Meine Familie und ich

6 Schneide die Vorlage aus. Falte das Buch nach der Anleitung zusammen.

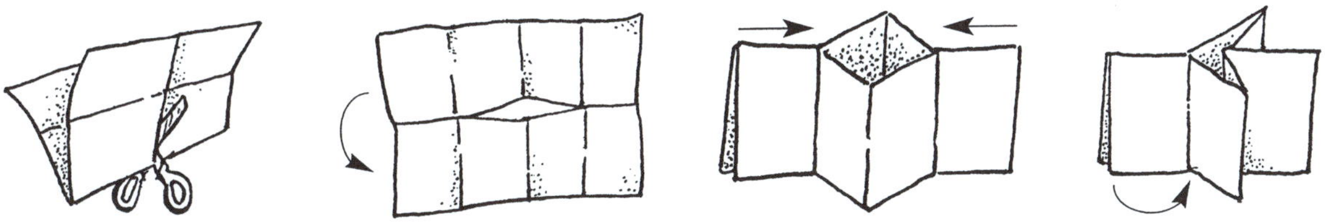

Das wünsche ich mir für meine Familie:	Das Leben in meiner Familie: Mein Name:
Das war das schönste Erlebnis mit meiner Familie:	Meine Familien-mitglieder:
Das sind meine Aufgaben in der Familie:	Hier sind wir gern:
Das finde ich in meiner Familie nicht gut:	Das mag ich in meiner Familie:

S. 18: In der Schule

2 Schneide die vier Bilder aus.
Klebe sie in die Fenster auf S. 18

S. 25: Denk-mit-Geschichte

4 Schneide die Bausteine aus und klebe daraus einen Turm auf S. 25 auf.

S. 27: Erntedankfest

3 Schneide das Obst, das Gemüse und das Getreide aus.
Klebe sie in den Korb auf Seite 27.

S. 28: Advent

2 Schneide die Kerzen aus.
Klebe sie auf den Adventskranz auf Seite 28.

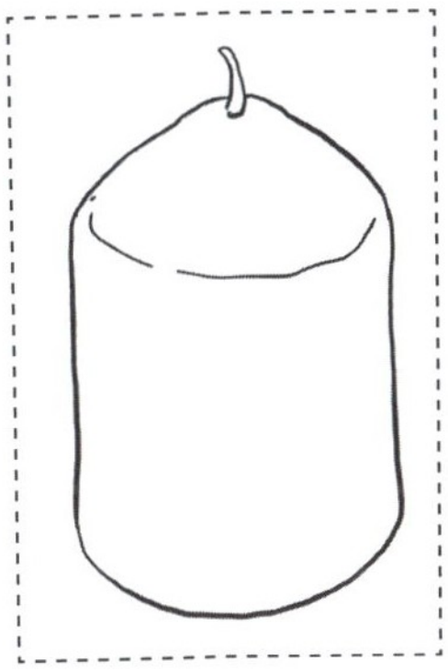
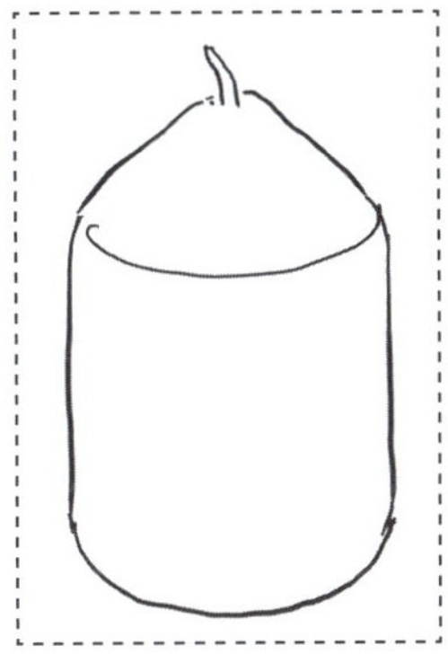
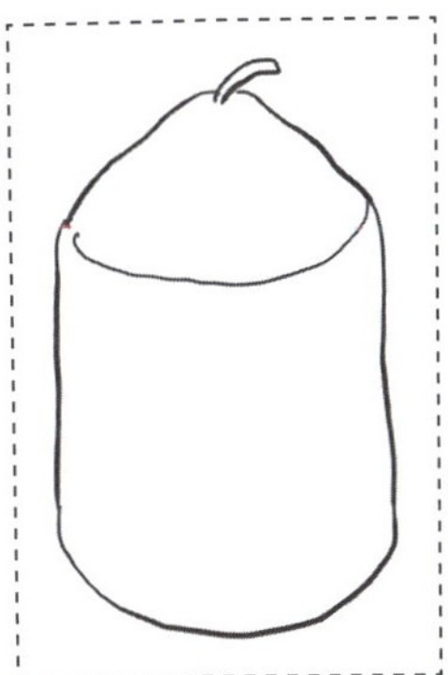
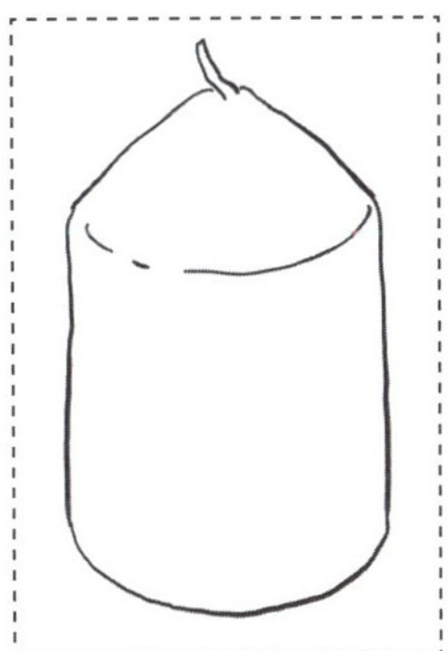

Materialseiten

S. 30: Nikolaus

3 Schneide die Bilder aus.
Vervollständige die Bildgeschichte auf Seite 30, indem du sie dort einklebst.

S. 34: Ostern

3 Male das Ei bunt an und schneide es aus. Knicke es an der dicken schwarzen Linie nach oben. Klebe den grünen Bereich auf die grüne Klebefläche auf S. 34, sodass du das Ei auf- und zuklappen kannst.

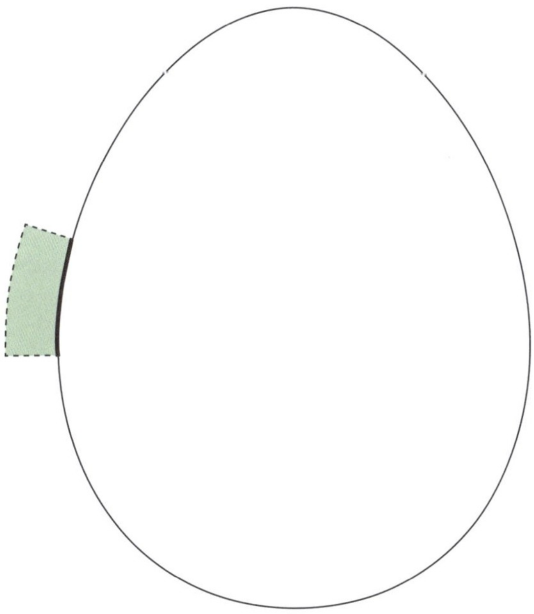

Materialseiten

S. 44: Lebenskreisläufe

1 Schneide die Bilder aus.
Klebe sie in den Lebenskreislauf auf Seite 44 ein.

S. 45: Lebloses achten

1 Schneide die Bilder aus.
Klebe sie in die Tabelle auf Seite 45.

S. 5: Ich bin kleingroß

1 Vorlesetext.

Nina war ein kleines Mädchen. Aber sie wollte kein kleines Mädchen sein.
„Also bist du ein großes Mädchen?“, fragten die Leute.
„Auch nicht“, sagte Nina. „Ich bin beides: Ich bin kleingroß.“

Die Leute lachten dann. Aber für Nina war die Sache ganz einfach. Klein war sie immer, wenn sie etwas sollte, worauf sie gar keine Lust hatte. Zum Beispiel, wenn die Mutter sagte: „Aber Nina! Wie sieht denn deine Spielecke wieder aus? Du bist nun schon so ein großes Mädchen und immer noch so unordentlich. Jetzt räum aber ganz schnell auf.“
„Du lieber Himmel“, seufzte Nina dann. „Für Aufräumen bin ich noch viel zu klein.“

Gab es zum Mittagessen aber Kartoffelsuppe mit Würstchen, lag der Fall gerade umgekehrt. Nina guckte der Reihe nach in alle Teller und sagte dann empört: „Und ich krieg nur zwei, wo ich schon so groß bin?“
Denn Würstchen aß sie für ihr Leben gern.

Ein großes Mädchen war sie natürlich auch immer am Abend, wenn sie zu Bett gehen sollte: „Wo ich doch überhaupt noch nicht müde bin.“
Und ein ‚ganz kleines Mädchen‘ spielte sie, wenn Onkel Robby kam, der Nina huckepack durch die Wohnung tragen sollte. „Weil das doch so einen Spaß macht“, quietschte sie.

Marieluise Bernhard von Luttitz

S. 12/13: Denk-mit-Geschichte

Pauls Luftballon

Paul hat einen lustigen Luftballon zu seinem Geburtstag bekommen. Freudig läuft er mit seinem Geschenk in den Garten zu seinen Freunden. Die Kinder spielen ausgelassen damit.

Plötzlich reißt der Wind Paul den Luftballon aus der Hand. Man sieht ihn mit seinem lustigen Gesicht immer höher aufsteigen.
„Halt, halt!“, rufen die Kinder.
Im letzten Moment hält ein Baum den Ballon fest.

Doch der Wind wird stärker und die Zweige quetschen ihn ein.
Jetzt fliegt auch noch ein Vogel auf den Luftballon zu, um daran zu probieren.
Paul ruft mit rotem Gesicht: „Verschwinde von meinem Geschenk!“
Wild schwenkt er seine Arme hin und her.

Zum Glück hat seine große Schwester eine Idee: Geschickt steigt sie auf eine Bank, die unter dem Baum steht, und klettert von dort auf den Baum. So holt sie den Luftballon herunter. Als Paul seinen Ballon in der Hand hält, strahlt er über das ganze Gesicht. Das Luftballonspiel findet nun lieber im Kinderzimmer statt.

S. 24/25: Denk-mit-Geschichte

Der erste Schultag

Lena sitzt in ihrem Bett. Die Sonne wird erst in einer Stunde aufgehen und der Wecker wird noch später klingeln. Trotzdem ist sie schon hellwach. Lena ist unglaublich aufgeregt: Heute geht sie zum ersten Mal in die Schule. Lena versucht sich vorzustellen, was der kommende Tag alles bringen wird. Sie sieht sich auf dem Schulhof. Überall stehen Kinder mit ihren neuen Ranzen und warten darauf, ihre Klassenzimmer zu sehen. Als Lena in ihrer Fantasie die Eingangstür betritt, staunt sie über die vielen, großen Türen. Auf einmal kommt sie sich wie ein Zwerg vor. Sofort denkt Lena an Omas Worte: „Warte mal ab, wenn du in die Schule kommst. Dann beginnt der Ernst des Lebens."
Die Worte klingen sehr streng. Hoffentlich meint Oma nicht ihren Lehrer oder ein Schulfach.

Lesepause; die Kinder lösen Aufgabe 2

Lena ist nun doch wieder eingeschlafen. Ihr Papa weckt sie mit den Worten: „So meine große Heldin. Es ist Zeit aufzustehen. Die Schule fängt gleich an."
Lena ist schlagartig wach, als hätte sie nur auf ein Zauberwort gewartet. Endlich sitzt sie mit den Kindern in der Klasse und schaut sich um. Es gibt viele interessante Dinge zu entdecken.

Lesepause; die Kinder lösen Aufgabe 3 und 4

Vorne steht Lenas Klassenlehrerin. Sie lächelt, holt ihre Gitarre und setzt sich mitten zwischen die Kinder. Gemeinsam singen sie ein lustiges Lied. Eigentlich hatte die Lehrerin eine Geschichte vorbereitet. Die hat allerdings ihr Hund Ernst heute Morgen gefressen. Nun weiß Lena, wen die Oma mit „Ernst" gemeint hat, und muss schmunzeln.
Zum Schluss bauen alle Kinder einen großen Turm. Der ist sogar größer als ihre Lehrerin. Als Lena mit den anderen Kindern aus der Schultür stürmt, ruft sie Mama und Papa entgegen: „Die Schule ist toll!"
Die Eltern strahlen. Genau das hatten sie sich gewünscht.

S. 28: Advent

3 Vorlesetext

Im Advent zündet man vier Kerzen am Adventskranz an. An jedem der vier Adventssonntage kommt eine hinzu. Aber wer ist eigentlich der Erfinder des Adventskranzes?
Auf die Idee ist Johann Hinrich Wichern im Jahr 1839 gekommen. Damals arbeitete er in einem Heim für Kinder ohne Eltern in Hamburg. Er nahm ein Wagenrad von einer alten Kutsche und brachte 28 Kerzen darauf an: 24 kleine rote und vier dicke weiße. Die vier weißen Kerzen stehen für die Sonntage und die roten Kerzen für die Werktage. Diesen Kerzenkranz hängte er im Waisenhaus auf. Jeden Abend wurde eine Kerze angezündet. Von da an wussten die Kinder, wie viele Tage es noch bis Weihnachten waren. Da man in der Wohnung keinen Platz für einen Wagenrad hatte, verschwanden später die kleinen Kerzen. Es kamen Schleifen und Kugeln hinzu.

S. 30: Nikolaus

2 Vorlesetext

Die Legende von den drei Mädchen

Einst lebte in der Stadt Myra ein armer Mann mit seinen drei Töchtern. Da sie kein Geld hatten, mussten die Mädchen auf den Markt gehen, um zu betteln.
Nikolaus war zu dieser Zeit Bischof von Myra. Als er von ihrer Not hörte, ging er eines Nachts zu der Hütte, in der der Mann mit seinen Töchtern wohnte. Dort warf er drei große Goldklumpen durch das Fenster – einen für jede Tochter.
Am nächsten Morgen entdeckten der Vater und die Töchter das Gold und freuten sich sehr. Sie liefen hinaus, um sich für das Geschenk zu bedanken. Aber Nikolaus war schon längst nicht mehr da.

S. 35: Natur erwacht

1 Vorlesetext

Die Suche nach dem Frühling

Einmal wurden Frosch und Kröte vom Regen überrascht. Schnell rannten sie zum Frosch nach Hause.
„Ich bin pitschnass“, klagte Kröte.
„Stell dich an den Ofen“, schlug Frosch vor. „Dann trocknen deine Sachen schnell.“
Er brachte Tee und Kuchen und sagte: „Es wird nicht ewig regnen. Inzwischen erzähle ich dir eine Geschichte.“
„Au ja“, rief Kröte.

Und Frosch begann:
„Als ich klein war, fast noch eine Kaulquappe, sagte mein Vater zu mir: ‚Heut ist ein kalter, grauer Tag, aber der Frühling liegt schon in der Luft.‘
‚Wo ist er?‘, rief ich und lief hinaus, um den Frühling zu suchen. Ich wanderte durch den Wald und schaute, ob der Frühling dort war.“
„Und?“, fragte Kröte.
„Kein Frühling“, sagte Frosch. „Nur ein Tannenbaum, drei Kieselsteine und ein paar getrocknete Grashalme.
Ich lief weiter über die Wiese und schaute, ob der Frühling dort war.“

„Und?“, fragte Kröte.
„Kein Frühling“, sagte Frosch. „Nur ein alter Wurm, der auf einem Baumstumpf schlief. Ich lief am Fluss entlang und schaute, ob der Frühling dort war.“

„Und?“, fragte Kröte.
„Kein Frühling“, sagte Frosch. „Nur Sumpf und eine Eidechse auf einem Stein.“

„Hat dich das Suchen nicht müde gemacht?“, fragte Kröte. „Und wie!“, sagte Frosch. „Außerdem fing es an zu regnen. Da lief ich nach Hause. Und als ich um die Ecke bog, stell dir vor, da sah ich ...“

„Was?“, rief Kröte.
„Ich sah, dass die Sonne herauskam“, sagte Frosch. „Ich sah Vögel im Baum und meine Mutter und meinen Vater im Garten arbeiten. Ich sah Blumen im Beet.“
„Das war der Frühling!“, rief Kröte.
„Richtig“, sagte Frosch. „Ich hatte ihn endlich gefunden.“
„Schau doch!“, rief Kröte. „Es hat aufgehört zu regnen!“

Sie rannten hinaus und äugten um die Hausecke. Und wirklich! Der Frühling war gekommen.

Arnold Lobel

S. 36/37: Denk-mit-Geschichte

Der geteilte Mantel

Martin lebte vor vielen hundert Jahren als Soldat. An einem bitterkalten Winterabend ritt er zurück in seine Kaserne. Vor dem Kasernentor traf er auf einen armen Mann, der nur wenig bekleidet war. Er saß auf dem Boden und fror schrecklich. Da bekam Martin Mitleid. Er zog sein Schwert und schnitt damit seinen großen, roten, warmen Mantel in zwei Teile. Die eine Hälfte gab er dem Bettler, die andere wickelte er sich um die Schultern. Ehe der Mann sich bedanken konnte, war Martin schon weitergeritten.

Martin wird Bischof von Tours

Martin war schon lange kein Soldat mehr. Er lebte als Mönch in einem Kloster und half gern armen Menschen, so gut er konnte.
Da sollte in der Stadt Tours ein neuer Bischof gewählt werden.
Die Leute riefen: „Martin soll unser neuer Bischof werden!"
Sie zogen los, um ihn zu suchen.
Martin hatte davon gehört. Er fand, dass er nicht hilfsbereit und gut genug für diese Aufgabe war. Damit ihn niemand finden konnte, versteckte er sich in einem Gänsestall. Die Gänse aber schnatterten vor Schreck so laut, dass Martin schnell gefunden wurde. Die Leute überzeugten ihn schließlich und so wurde er im Dom zum Bischof geweiht. Martin soll viele Wunder vollbracht haben. Deshalb wurde er nach seinem Tod sogar heiliggesprochen. Aus diesem Grund nennt man ihn „Sankt Martin", das bedeutet „Heiliger Martin".

Materialseiten

S. 48/49: Denk-mit-Geschichte

Das Sonnenschloss

An einem sehr heißen Sommertag beschlossen Marie, Jan und Eva einen Ausflug zu machen.
„Es ist viel zu warm!“, stöhnte Marie.
„Ich kenne ein altes Schloss, das können wir uns mal ansehen!“, tönte Jan. „Mein Opa hatte einen Schlüssel dazu und den habe ich jetzt bei mir.“
„Ja, eine gute Idee!“, meinte Eva.
Sofort begann Jan Getränke und Obst in den Rucksack zu packen. Dann wanderten die drei Freunde los. Der Weg führte über grüne Wiesen mit bunten Blumen und hohen Bäumen. Die Vögel zwitscherten fröhlich.
„Mir ist so heiß!“, meckerte Marie.
„Mir auch!“, seufzte Jan.
„Mensch, sind die Vögel laut!“, beschwerte sich Eva.
Schnell liefen sie auf das Schloss zu. Mächtig ragte es ihnen entgegen.
„Oh, ist das Klasse! Los, gehen wir rein!“, rief Marie.
Jan holte den Schlüssel aus der Tasche und schloss das große schwere Schlosstor auf. Im Gebäude hing ein Gemälde mit einem Mann in prächtigen Gewändern.
„Herrlich, wie schön kühl es hier drinnen ist!“, bemerkte Jan.
„Ja, sagte Marie, endlich brauchen wir die blöde Sonne nicht mehr zu ertragen. Draußen ist es viel zu warm.“
In diesem Moment kam ein leichter Wind auf, der reichlich Staub aufwirbelte. Der Staub legte sich und ein Mann erschien.
Jan flüsterte: „Der Mann von dem Gemälde.“
Der Mann trat auf die drei zu und sprach mit lauter Stimme: „Die Sonne scheint, die Vögel zwitschern und die Blumen blühen und ihr beschwert euch nur über die Hitze und freut euch gar nicht über die Sonne. Ich würde sehr gern nach draußen gehen und die Sonne genießen. Aber ich bin im Gemälde gefangen, weil ich ein König war und gemalt wurde, damit jeder weiß, wie ich aussah. Nur einmal in 100 Jahren darf ich im Schloss herumlaufen. Ich nehme die Sonne jetzt mit in mein Gemälde.“
Nebel kam auf und plötzlich war der König weg.
Erschrocken sahen die Freunde nach draußen. Und tatsächlich: Mit dem König war auch die Sonne verschwunden.